PRINCIPES DE LA MUSIQUE PRATIQUE.

PRINCIPES
DE LA
MUSIQUE PRATIQUE.

PAR DEMANDES

ET

PAR REPONSES.

DE M. L'ABBÉ DUVAL.

A PARIS,

Chez { CAILLEAU, Libraire, rue S. Jacques, près les Mathurins, à S. André.
La Veuve VALEYRE, Libraire, Quai de Gesvres, à l'entrée par le Pont-au Change, à la Nouveauté.

Et aux Adresses ordinaires de Musique.

M. DCC. LXIV.

Avec Approbation & Privilége du Roi.

A MONSEIGNEUR
LE PRINCE
D'HENRICHEMONT.

ONSEIGNEUR,

Vous avez apporté en naiſſant le germe de toutes les vertus qui ont fait autant de Héros qu'il y a eu d'hommes dans votre illuſtre Maiſon. Les talens qui doivent vous faire diſtinguer un jour dans les places les plus importantes, se sont développés naturellement. Puissiez-vous ne pas faire de plus grands efforts pour vous procurer des amusemens dignes de vous! La Musique fut toujours la recréation des grands Hommes après les travaux les plus pénibles. Mes voeux seront entiérement satisfaits, si j'en ai rendu les Principes assez clairs pour vous faciliter l'étude d'un Art qui doit prendre sur un tems qui vous est si précieux.

J'ai l'honneur d'être, avec le respect le plus profond,

MONSEIGNEUR,

Votre très-humble & très-obéissant Serviteur, DUVAL.

AVERTISSEMENT.

CHACUN regarde aujourd'hui la Musique comme une partie si essentielle à l'éducation des jeunes gens, qu'on ne peut trop s'attacher à la mettre à leur portée. Nos plus grands Maîtres, dans cet Art, n'ont pas dédaigné d'y travailler. Les principes qu'ils nous ont donnés, & les leçons qu'ils y ont jointes, font également honneur à leur sçavoir & à leur goût. Mais je ne sçais s'ils se sont assez appliqués à rendre leurs méthodes claires & faciles. Séduits par la supériorité de leur génie, ils n'ont point fait assez d'attention, que certaines difficultés qui leur paroissoient légères, ne le sont pas pour des Commençans. J'ai tâché de suppléer à ce défaut dans l'ouvrage que je donne au Public. J'eſpére qu'il me ſçaura quelque gré d'avoir cherché à lui faciliter l'étude d'un Art qui fait aujourd'hui l'objet de ſon goût & de ſon amuſement. Je ne me ſuis point diſſimulé que l'on m'oppoſeroit le grand nombre des différentes méthodes qui exiſtent ; mais j'ai vû auſſi, par ma propre expérience & par celle de ceux qui ne cedent point aux préjugés, que toutes ces méthodes ſemblent plutôt faites pour les perſonnes qui ſçavent, que pour celles qui apprennent. L'intelligence n'eſt pas la même chez tous les hommes : il faut leur préſenter les vérités ſous différentes faces, pour qu'ils les apperçoivent. Si mes principes ſont plus clairs & plus faciles que les autres, je ſuis parvenu à ce que je me ſuis propoſé.

Je les ai expoſés, avec la plus grande

ſimplicité, par demandes & par réponſes, méthode facile & commode pour la jeuneſſe, dont elle fixe l'attention ſans trop charger la mémoire.

Les demandes & les réponſes marquées d'une petite étoile, ſont les plus eſſentielles, ſur-tout pour les enfans qui n'ont pas encore l'eſprit bien formé.

Je n'ai point terminé ce Livre par des leçons générales, parce qu'il faut que chaque Maître en compoſe lui-même, afin de pouvoir les adapter aux diſpoſitions particulieres de chaque Eleve. Par ce moyen, il fait reparoître, quand il veut, des difficultés qu'on croyoit d'abord inſurmontables, & qui ceſſent de l'être, quand elles ſont répetées & préſentées ſous un autre jour.

Sans entrer dans aucune diſcuſſion ſur les différens noms & les différens ſignes des agrémens du chant, j'ai tâché ſeulement de bien expliquer la maniere de les rendre, en me ſervant des termes les plus uſités, & que j'ai cru leur convenir davantage.

On trouvera à la fin des exemples, une Table de tranſpoſition, dans laquelle toutes les clefs accompagnées ou non de *diezes* & de *bémols*, ſont converties en celle que l'on veut choiſir. Il faut obſerver, ſi l'on joue de quelque inſtrument, de ne s'en ſervir que lorſqu'on eſt ſeul. Tout chanteur, par le moyen de cette Table, peut toujours avoir une clef qui ne ſoit ſuivie ni de *diezes* ni de *bémols* ; mais l'*ut*, dans les modes majeurs, & *la* dans les modes mineurs, doivent avoir le même ſon que la vraie tonique du mode.

PRINCIPES DE LA MUSIQUE PRATIQUE.

PAR DEMANDES ET PAR REPONSES.

NOTION PRÉLIMINAIRE.

Demande. U'EST-CE que la Musique?

Réponse. C'est l'art de flatter l'oreille par des *sons* qui se succédent les uns aux autres.

D. * Qu'est-ce qu'un son?

R. * Un son, dans le sens qu'on l'emploie dans la Musique, n'est autre chose que ce que la voix fait entendre quand elle rend une seule *note*.

ARTICLE PREMIER.

Des Notes.

D. * QU'EST-CE qu'une note?

R. * C'eſt une figure par laquelle on déſigne la hauteur & la durée que doit avoir un *ſon*.

D. * Combien y a-t-il de *ſons* ou de notes?

R. * Il y en a ſept, auxquels on a donné les noms de *ut*, *re*, *mi*, *fa*, *ſol*, *la*, *ſi*, qui, avec l'*ut* répété, forment ce qu'on appelle *octave*. (1) *

D. Comment, avec ſept notes, peut-on déſigner tous les *ſons* de la Muſique?

R. C'eſt qu'une note, ſelon ſa poſi-

* Tous les chiffres renfermés entre deux parenthèſes, renvoient aux exemples notés qui ſe trouvent à la fin de ce Livre.

tion, désigne un *son* plus ou moins grave, plus ou moins aigu. (1)

D. * De combien de figures une note est-elle susceptible ?

R. * Une note est susceptible de six figures différentes. (2)

D. * Quels noms portent les notes suivant leurs différentes figures ?

R. * Le nom de *ronde*, *blanche*, *noire*, *croche* : *double-croche*, *triple-croche*. (2)

D. * Que vaut la *ronde* par rapport aux autres notes ?

R. * Une *ronde* vaut deux blanches, quatre noires, huit croches, seize doubles-croches & trente-deux triples-croches. (2)

ARTICLE II.

De la Portée.

D. COMMENT poſe-t-on les notes ?

R. On les poſe ſur cinq lignes parallèles, & dans les eſpaces qui ſont entre elles.

D. Ces cinq lignes, priſes enſemble, n'ont-elles pas un nom particulier ?

R. Oui ; on les appelle *portée.*

D. * D'où compte-t-on les lignes de la portée ?

R. * On les compte toujours de la premiere d'en bas.

D. Ne peut-on mettre des notes que ſur les lignes & dans les eſpaces d'une portée ?

R. On en met auſſi au-deſſus & au-deſſous de la portée ; quelquefois même on ajoute des lignes, quand les morceaux de Musique le demandent. (1)

D. Comment peut-on connoître le nom d'une note sur une ligne ou dans l'espace d'une portée ?

R. On le connoît par le moyen d'une *clef* qui est toujours au commencement de chaque portée.

ARTICLE III.

Des Clefs.

D. * QU'EST-CE qu'une clef ?

R. * C'est une figure posée sur une des quatre premieres lignes de la portée, pour donner son nom à toutes les notes qui sont sur la même ligne, & faire connoître celui de toutes les autres notes qui ne sont point sur la même ligne. (3)

D. Comment peut-on connoître par la

clef, le nom de toutes les notes qui ne sont pas sur la même ligne qu'elle ?

R. On le connoît, en observant que les notes se suivent toujours dans l'ordre qu'elles tiennent dans l'octave, soit en montant, soit en descendant. (3)

D. Combien y a-t-il de clefs ?

R. Il y en a trois ; sçavoir, la clef de *fa*, la clef d'*ut*, & la clef de *sol*. (3)

D. * Sur quelles lignes pose-t-on les clefs ?

R. * La clef de *fa* se pose sur la quatrieme, ou sur la troisieme ligne.

La clef d'*ut* se pose sur une des quatre premieres lignes, & la clef de *sol* sur la seconde ou sur la premiere ligne. (3)

D. Pourquoi tant de clefs & tant de positions différentes ?

R. Parce qu'on ne peut sans leur secours exprimer tous les *sons* que rendent tant de voix & d'instrumens différens.

D. Pour quelles voix & quels instrumens

mens se sert-on de la clef de *fa*?

R. La clef de *fa* sur la quatrieme ligne sert pour toutes les basses chantantes & instrumentales. Elle sert pour les voix qu'on appelle *basses-tailles*, quand elle est sur la troisieme ligne.

D. Pour quelles voix & quels instrumens se sert-on de la clef d'*ut*?

R. On se sert de la clef d'*ut* sur la quatrieme ligne pour les voix qu'on appelle *hautes tailles*; sur la troisieme & seconde ligne pour les voix qu'on appelle *hautes-contres*; & sur la premiere ligne pour les voix qu'on appelle *bas dessus*.

Cette même clef, dans ses différentes positions, sert aussi pour certains instrumens.

D. Pour quelles voix & quels instrumens se sert-on de la clef de *sol*?

R. On s'en sert sur la seconde ligne pour toutes les symphonies & les voix qu'on appelle *dessus*, & quelquefois sur la premiere ligne pour les inſtrumens qui donnent les *ſons* les plus aigus.

D. Donnez-nous ſucceſſivement le rapport qu'il y a entre les clefs?

R. La clef de fa *ſur la quatrieme ligne* préſente les ſons les plus graves. (4)

La clef de fa *ſur la troiſieme ligne* a deux *ſons* plus aigus, & deux moins graves que la clef de *fa* ſur la quatrieme ligne. (4)

La clef d'ut *ſur la quatrieme ligne*, a deux *ſons* plus aigus, & deux moins graves que la clef de *fa* ſur la troiſieme ligne. (4)

La clef d'ut *ſur la troiſieme ligne*, a deux *ſons* plus aigus, & deux moins graves que la clef d'*ut* ſur la quatrieme ligne. (4)

La clef d'ut *ſur la ſeconde ligne*, a deux *ſons* plus aigus, & deux moins graves que la clef d'*ut* ſur la troiſieme ligne. (4)

*La clef d'*ut *sur la premiere ligne*, a deux *sons* plus aigus, & deux moins graves que la clef d'*ut* sur la seconde ligne. (4)

La clef de sol *sur la seconde ligne*, a deux *sons* plus aigus, & deux moins graves que la clef d'*ut* sur la premiere ligne. (4)

Enfin *la clef de* sol *sur la premiere ligne*, a deux *sons* plus aigus, & deux moins graves que la clef de *sol* sur la seconde ligne. (4)

ARTICLE IV.

Du Guidon.

D. * COMMENT appelle-t-on la figure qui se voit à la fin des portées, & à quoi sert-elle?

R. * Cette figure s'appelle *guidon*, voyez-la à l'exemple (7).

Elle ſert à faire connoître que la première note de la portée ſuivante ſera ſur la même ligne, ou dans le même eſpace que le guidon.

ARTICLE V.

Des Tons & demi-Tons.

D. COMMENT appelle-t-on l'intervalle qui ſe trouve entre deux notes qui ſe ſuivent immédiatement ?

R. On l'appelle *ton* ou *demi-ton.*

D. En quoi différent deux notes qui forment un *ton* de celles qui ne forment qu'un *demi-ton* ?

R. En ce que l'intervalle eſt preſque moitié plus grand entre deux notes qui forment un *ton*, qu'entre celles qui ne forment qu'un *demi-ton*.

D. Peut-on auſſi diviſer le demi-ton ?

R. Oui, le demi-ton se divise en majeur & en mineur.

D. * Qu'est-ce qu'un demi-ton majeur?

R. * C'est celui qui est formé par deux notes qui ont différens noms. (5)

D. * Qu'est-ce qu'un demi-ton mineur?

R. * C'est celui qui est formé par deux notes qui portent le même nom. (5)

D. Quelle différence y a-t-il entre un demi-ton majeur & un demi-ton mineur?

R. L'intervalle n'est pas si grand dans le demi-ton mineur, mais il n'est donné qu'aux oreilles sensibles d'en voir la différence.

D. * Entre quelles notes se trouvent les *tons* & les *demi-tons* dans l'octave commençant par *ut*?

R. * Il y a de l'*ut* au *re*, un *ton*: du *re* au *mi*, un *ton*: du *mi* au *fa*, *un demi-ton*; du *fa* au *sol*, un *ton*: du *sol* au *la*, un *ton*; du *la* au *si*, un *ton*: & du *si* à la replique de l'*ut*, un *demi-ton* : ce qui fait en tout cinq *tons*, & deux *demi-tons*. (6)

D. * N'y a-t-il pas des notes plus à remarquer que d'autres dans une octave ?

R. * Oui : il faut remarquer principalement trois notes dans l'octave de chaque *mode*.

ARTICLE VI.

Des Modes.

D. QU'EST-CE qu'un mode ?

R. C'est le rapport de tous les *sons* à un *son* principal qu'on appelle *note tonique*. De-là quelques personnes disent, tel morceau est dans tel *ton*, au lieu de dire dans tel mode.

D. * Comment connoître la tonique d'un mode ?

R. * Elle finit presque toujours un morceau de Musique quelconque.

D. Pourquoi dites-vous *presque toujours ?*

R. Parce qu'il arrive souvent dans les Musiques à plusieurs parties, qu'une ou deux d'entr'elles finissent par une des deux autres notes à remarquer dans un mode.

D. * Quelles sont ces deux autres notes à remarquer dans un mode ?

R. * C'est la *tierce* & la *quinte* de la tonique. (6)

D. Ces notes n'ont-elles pas des noms particuliers ?

R. Oui : *la tierce* s'appelle *médiante* & la *quinte*, *dominante* d'un mode. (6)

D. Les autres notes n'ont-elles pas aussi des noms propres ?

R. Oui : la seconde note s'appelle encore *sutonique :* la quatrieme, *sous domi-*

nante ; la ſixieme, *ſudominante*, & la ſeptieme, *note ſenſible*. (6)

D. Combien y a-t-il de modes ?

R. Il y a autant de modes que de notes ; mais chaque mode ſe diviſe en *majeur* & en *mineur*.

ARTICLE VII.

Du Mode majeur.

D. * QU'EST-CE qu'un mode majeur ?

R. * C'eſt celui dont la *tierce* au-deſſus de la tonique eſt majeure.

D. * Quand eſt-ce qu'une tierce eſt majeure ?

R. * Une tierce eſt majeure quand il y a *deux tons* entre les trois notes qui la forment, comme de l'*ut* au *mi*. (6)

D. * Quand eſt-ce qu'une tierce eſt mineure ?

R. * Quand il n'y a qu'*un ton & un demi-ton* entre les trois notes qui la forment, comme du *re* au *fa.* (6)

D. * Où ſe trouvent les *tons* & les *demi-tons* dans l'octave d'un mode majeur ?

R. * L'octave commençant par *ut* peut ſervir de modele pour toutes les octaves des modes majeurs : parce qu'il faut qu'il y ait d'abord en montant, *deux tons*, un *demi-ton*, *trois tons* & *un demi-ton* : en deſcendant, *un demi-ton*, *trois tons*, *un demi-ton*, & *deux tons.* (6)

ARTICLE VIII.

Du Mode mineur.

D. * QU'EST-CE qu'un mode mineur ?

R. * C'eſt celui dont la tierce au-deſſus de la tonique eſt mineure. (7)

D. * Où ſe trouvent les *tons* & les

demi-tons dans l'octave d'un mode mineur ?

R. * En montant, il faut d'abord un *ton*, un *demi-ton*, *quatre tons*, suivis d'un *demi-ton* : en descendant, *deux tons*, un *demi-ton*, *deux tons*, un *demi-ton* & un *ton*. (7)

D. Peut-on trouver une octave naturellement disposée dans cet ordre?

R. Non : pour que les *tons* & les *demi-tons* soient arrangés de la sorte, il faut avoir recours aux *dieses*, ou aux *bémols*. (7)

ARTICLE IX.

Des Diezes.

D. * QU'EST-CE qu'un dieze, & à quoi sert-il ?

R. * Le dieze sert à faire hausser d'un demi-ton la note devant laquelle il se trouve. Voyez la figure au n°. 17.

D. Peut-on mettre des diezes devant toutes les notes ?

R. Oui, mais rarement devant le *si* & le *mi*.

D. * Ne faut-il élever d'un demi-ton que les notes qui ont un dieze devant elles ?

R. Il faut aussi élever d'un demi-ton toutes les notes qui sont sur la même ligne ou dans le même espace qu'un dieze mis au commencement de chaque portée. (17)

D. * Peut-on mettre plusieurs diezes au commencement d'une portée?

R. * On en met jusqu'à six & sept. (17)

D. * Quel ordre observe-t-on dans la position des diezes près de la clef?

R. * Quand il n'y en a qu'un, on le met sur la ligne, ou dans l'espace que doit occuper le *fa*: s'il y en a plusieurs, on les met ensuite de *quinte* en *quinte* en montant, ou de *quarte* en *quarte* en descendant, c'est-à-dire, sur *fa*, *ut*, *sol*, *re*, *la*, *mi*, & *si*. (17)

D. * Un dieze qui n'est point près de la clef, peut-il servir à plusieurs notes?

R. * Il ne devroit servir que pour les notes d'une seule mesure, mais le goût fait connoître quand il doit servir pour quelques autres notes des *mesures* suivantes.

ARTICLE X.

Des Bémols.

D. * QU'EST-CE qu'un bémol, & à quoi sert-il ?

R. * Un bémol ressemble assez à la lettre b, il sert à faire baisser d'un demi-ton, la note devant laquelle il est placé.

D. * Ne faut-il baisser que les notes qui ont devant elles un bémol ?

R. * Il faut encore baisser toutes celles qui sont sur la même ligne, ou dans le même espace qu'un bémol mis près de la clef. (17)

D. Peut-on mettre plusieurs bémols près de la clef ?

R. On en peut mettre jusqu'à sept ? (17)

D. * Quel ordre doit-on obſerver dans leur poſition près de la clef?

R. * Un ſeul bémol eſt toujours placé ſur la ligne ou dans l'eſpace qu'occupe le *ſi :* s'il y en a pluſieurs, on les met enſuite de *quarte* en *quarte* en montant, ou de quinte en quinte en deſcendant, c'eſt-à-dire, ſur *ſi*, *mi*, *la*, *re*, *ſol*, *ut*, *fa.* (17)

D. * Un bémol accidentel, c'eſt-à-dire, qui n'eſt point près de la clef, peut-il ſervir pour pluſieurs notes?

R. * Il ne doit ſervir que pour les notes d'une ſeule *meſure*.

D. De quelle utilité ſont les diezes & les bémols dans la Muſique?

R. Ils ſervent à ranger les tons & les demi-tons dans l'ordre naturel à l'octave de chaque mode.

ARTICLE XI.

De la Transposition.

D. NE pourroit-on pas éviter les difficultés qu'occasionnent les diezes & les bémols près de la clef, en se servant de l'octave commençant par *ut* pour les modes majeurs, & de l'octave commençant par *la* pour les modes mineurs?

R. Oui, en changeant le dernier dieze posé en *si*, & le dernier bémol en *fa*: il faut alors chercher quelles clefs produisent ces différens changemens. (17)

D. Pourquoi ces changemens ôteroient-ils les difficultés qu'occasionnent les diezes & bémols près de la clef?

R. Parce que tous les modes majeurs seroient toujours sur l'octave naturelle d'*ut*, & tous les modes mineurs sur l'octave de *la*, dans laquelle il ne faut ni diezes ni bémols en descendant, mais seulement deux diezes en montant. (17)

D. * Ne pourroit-on pas connoître par les diezes & les bémols près de la clef, dans quels modes sont les différentes piéces de Musique ?

R. * Oui ; en observant que dans les *modes majeurs* le dernier dieze occupe toujours la même ligne ou le même espace que la *notē sensible :* & toujours dans les *modes mineurs*, la même ligne ou le même espace que la *sutonique*. (17)

Dans les *modes majeurs*, le dernier bémol occupe toujours la même ligne ou le même espace que la *sous dominante ;* & dans *les modes mineurs*, la même ligne ou le même espace que la *sudominante*. (17)

D. Les Anciens ont-ils toujours mis près de la clef le bémol de la *sudominante ?*

R.

R. Non : il étoit accidentel quand il en étoit besoin.

ARTICLE XII.

Du Becarre.

D. * QU'est-ce qu'un becarre, & à quoi sert-il ?

R. * Il sert à faire remettre dans son état naturel, une note haussée par un dieze, ou baissée par un bémol, soit accidentel, soit près de la clef. *Voy. sa figure* n°. 7. à côté de *fa* & de *sol*.

D. * Le becarre conserve-t-il dans son état naturel une note haussée par un dieze, ou baissée par un bémol au commencement de la portée ?

R. * Il n'a d'effet que pour les notes d'une seule *mesure*.

ARTICLE XIII.

De la tenue.

D. * QU'eſt-ce qu'une tenue?

R. * C'eſt un *ſon* continué pendant pluſieurs *tems* entiers d'une ou de pluſieurs *meſures*. (8)

D. Pluſieurs notes peuvent-elles former une tenue?

R. Oui, quand elles ont le même *ſon*, mais alors elles ſont jointes par une liaiſon pour faire voir qu'on ne répéte pas le nom de chaque note. (8)

ARTICLE XIV.

De la Syncope.

D. * QU'eſt-ce qu'une ſyncope?

R. * C'eſt une note qui fait la fin d'un *tems* , & le commencement d'un autre *tems*. (8)

D. La ſyncope n'eſt-elle jamais exprimée que par une ſeule note ?

R. Il y a deux occaſions où elle eſt exprimée par deux notes jointes enſemble par une liaiſon : 1°. Quand les *tems* qu'elle embraſſe ne ſont pas dans la même *meſure*. 2°. Quand la fin du premier *tems* qu'elle embraſſe, n'eſt pas d'une valeur égale au commencement du ſecond. (8)

ARTICLE XV.

Du Point.

*D.** QUel uſage fait-on du *point* dans la Muſique ?

*R.** Le point ſert à deux uſages. 1°. Quand il eſt au-deſſus ou au-deſſous d'une note, il ſert à lui donner une plus grande durée, mais tout-à-fait arbitraire & indéterminée. 2°. Quand il eſt après une note, il ſert à donner à cette note qui le précéde, moitié plus que ſa valeur ordinaire. (9)

D. Quels ſont les ſignes du *point* ?

R. Le *point* qui ſuit une note n'en a pas : celui qui eſt au-deſſus ou au-deſſous d'une note eſt environné d'une eſpece de liaiſon pour être vû plus facilement.

ARTICLE XVI.

Des Silences.

D. Combien y a-t-il de ſilences?

R. Il y en a de huit ſortes qu'on peut diviſer en grands & petits. (10)

D. * Quels ſont les grands ſilences?

R. * Ce ſont ceux de quatre, de deux & d'une meſure. (10)

D. Comment connoître les ſilences?

R. Par autant de figures qu'il y a de ſilences.

D. * Quelle eſt la figure d'un ſilence de quatre meſures?

R. * C'eſt une groſſe ligne perpendiculaire ſur trois lignes de la portée. (10)

D. * Quel eſt le ſigne d'un ſilence de deux meſures ?

R. * C'eſt auſſi une groſſe ligne perpendiculaire, mais ſur deux lignes ſeulement de la portée. (10)

D. * Comment exprime-t-on le ſilence d'une ſeule meſure ?

R. * Par un gros *point* quarré, immédiatement au-deſſous d'une ligne de la portée. (10)

D. * Quels noms portent ces trois ſignes de ſilences ?

R. * Ceux de quatre & de deux meſures, s'appellent *bâtons*, & celui d'une ſeule meſure, *pauſe*. (10)

D. Quels ſont les petits ſilences ?

R. Ce ſont ceux de la valeur d'une blanche, d'une noire, d'une croche, d'une double croche, & d'une triple croche. (10)

D. * Quel est le signe d'un silence de la valeur d'une blanche ?

R. * C'est un gros *point* quarré, immédiatement au-dessus d'une ligne de la portée. On appelle ce *point* demi-pause. (10)

D. * Quel nom porte un silence de la valeur d'une noire ?

R. * On l'appelle *soupir.* Voyez sa figure n°. 10.

D. * Comment indique-t-on les trois autres silences, & quels sont leurs noms ?

R. * Un silence de la valeur d'une croche s'appelle *demi-soupir.* (10)

Un silence de la valeur d'une double croche s'appelle *quart de soupir.* (10)

Un silence de la valeur d'une triple croche s'appelle *demi-quart de soupir.* Voyez la figure de ces trois signes de silence au no. 10.

D. Quels ſont les ſignes qu'on peut multiplier pour avoir de longs ſilences ?

R. On multiplie tant qu'il en eſt beſoin le bâton de quatre *meſures*. On peut répéter deux fois de ſuite la *demi-pauſe*; & *les autres petits ſilences*, mais le bâton de deux *meſures* & la pauſe ne ſont jamais exprimés qu'une ſeule fois. (10)

ARTICLE XVII.

Des Meſures.

*D.** QU'eſt-ce qu'une meſure en général ?

R. * C'eſt une ou pluſieurs notes partagées en différentes parties qu'on appelle *tems*. (11)

D. * Comment diſtingue-t-on les meſures ſur une portée ?

R. * Une *mesure* est toujours renfermée entre deux lignes perpendiculaires sur toute la portée. (11)

D. Combien y a-t-il de sortes de mesures ?

R. Il y en a de deux sortes; sçavoir, les mesures simples & les mesures composées.

D. Quelles sont les mesures simples ?

R. Ce sont celles de *deux* & de *trois tems*, quoiqu'on mette dans la même classe celle de *quatre tems* qui n'est qu'une mesure de *deux tems* fort lente. (11)

ARTICLE XVIII.

De la Mesure à deux tems.

D. * QU'EST-CE qu'une mesure à deux tems ?

R. * C'est celle dans laquelle on partage, en deux parties égales, une ronde ou sa valeur. (11)

D. * De quels signes se sert-on pour indiquer cette mesure?

R. * On se sert du chiffre 2 ou de la lettre C barrée perpendiculairement. (11)

D. Pourquoi deux signes différens pour indiquer cette mesure?

R. Parce que le C barré marque que la mesure est plus lente que quand elle est marquée par le chiffre 2.

D. * Comment doit-on battre cette mesure ?

R. * On la bat de bas en haut, de sorte que le premier tems s'appelle *frapper*, & le second, *lever.*

D. * Quel seroit le frapper d'une mesure qui ne seroit pas complette, comme il arrive au commencement de quelques morceaux ?

R. * Elle n'en auroit pas ; il faudroit seulement frapper après la ligne perpendiculaire sur toute la portée.

D. * Comment doit-on passer les croches dans cette mesure ?

R. * Il faut que la premiere, troisieme, cinquieme, &c. soient bien plus longues que la seconde, quatrieme, sixieme, &c. C'est ce qu'on appelle *pointer les croches.*

D. * Ne doit-on faire inégales que les croches ?

R. * Il faut obſerver la même régle pour les doubles & les triples croches dans la meſure *à deux tems.*

D. * N'y a-t-il point d'exception à cette régle ?

R. * Oui : il faut faire les croches égales, quand on en eſt averti de vive voix ou par écrit, ou bien, quand elles ont des petits *points* ou petites *lignes*, ſoit au-deſſus, ſoit au-deſſous d'elles.

ARTICLE XIX.

Des trois pour deux.

D. * QUE ſignifie le chiffre 3 qu'on remarque quelquefois au-deſſus ou au-deſſous de certaines notes ?

R. * Il marque que les trois notes au-deſſus ou au-deſſous, ne doivent point avoir plus de valeur que les deux dont elles tiennent la place.

D. Pour quelles notes ſe ſert-on des trois pour deux ?

R. Pour toutes les notes inégales, comme les croches, les doubles & les triples dans la meſure à deux tems.

D. Pourquoi n'emploie-t-on les trois pour deux que pour les notes inégales ?

R. Parce qu'en les paſſant également bréves, elles équivalent à deux autres dont la premiere eſt bien plus longue que la ſeconde.

D. * Le chiffre 3 ſe trouve-t-il toujours au-deſſus ou au-deſſous des trois pour deux ?

R. * Non : il faut y ſuppléer, quand les notes inégales ſont en plus grand nombre qu'il ne faut ; & ſur-tout ſi elles ſont liées de trois en trois.

D. Si, dans une meſure, deux croches en donnent trois, combien en donneront quatre, &c.?

R. Quatre en donneront ſix; ſix en donneront neuf, & huit en donneront douze; de ſorte que, dans une *meſure* à deux tems, il peut y avoir douze croches, au lieu de huit.

ARTICLE XX.

De la Meſure à trois tems.

D. * QU'EST-CE qu'une meſure à trois tems?

R. * C'eſt celle dans laquelle on partage en trois parties égales, trois noires ou leur valeur. (12)

D. * Comment indique-t-on cette meſure?

R. * Elle s'indique toujours par le chiffre 3. (12)

D. * Comment doit-on la battre?

R. * On peut le voir par cette figure,

3 tems

I— 2 tems.

1 tems.

D. * La ronde peut-elle entrer dans cette mesure?

R. * Non; parce qu'elle vaut plus que trois noires, qui équivalent seulement à une blanche avec un *point*, ou à six croches, ou douze doubles, ou vingt-quatre triples croches. (12)

D. * Quelles notes doit-on faire inégales dans cette mesure?

R. * Les croches, doubles & triples, comme dans la mesure à deux tems.

ARTICLE XXI.

De la Meſure à quatre tems.

D. * QU'EST-CE qu'une meſure à quatre tems ?

R. * C'eſt celle dans laquelle on diviſe en quatre parties égales, une ronde ou ſa valeur. (11)

D. * De quel ſigne ſe ſert-on pour indiquer cette meſure ?

R. * De la lettre C, & quelquefois du chiffre 4. (11)

D. * Comment doit-on battre cette meſure ?

R. * Voyez la figure,
4 tems.
2 tems. + 3 tems.
1 tems.

D. * Quelles notes doit-on faire inégales dans cette meſure ?

R.

R. * On ne fait inégales que les doubles & triples croches, à moins qu'il n'y ait l'exception ordinaire.

ARTICLE XXII.

Des Meſures compoſées.

D. QU'APPELLE-T-ON meſures compoſées?

R. Ce ſont celles qui ſont indiquées par deux chiffres l'un ſur l'autre.

D. Combien y a-t-il de ces meſures?

R. Il y en a dix principales, ſçavoir, $\frac{2}{4}$ $\frac{3}{2}$ $\frac{3}{4}$ $\frac{3}{8}$ $\frac{6}{4}$ $\frac{6}{8}$ $\frac{9}{4}$ $\frac{9}{8}$ $\frac{12}{4}$ & $\frac{12}{8}$.

D. Pourquoi ſe ſert-on de deux chiffres pour indiquer ces meſures?

R. Parce qu'on ſçait par leur moyen,

comment il faut battre la meſure, le nombre, & l'eſpéce de note qu'on y emploie.

D. * Comment ſçait-on par les chiffres la maniere de battre la meſure ?

R. * Quand le chiffre ſupérieur eſt impair, la meſure ſe bat toujours à trois tems. Quand il eſt pair, elle ſe bat à deux tems, excepté $\frac{12}{4}$ & $\frac{12}{8}$ qui ſe battent à quatre tems.

D. * Que marque encore le chiffre ſupérieur ?

R. * Il marque auſſi le nombre de notes qu'il faut pour la meſure.

D. * Que marque le chiffre inférieur ?

R. * Il marque l'eſpece de notes indiquée par le chiffre ſupérieur.

D. * Que peuvent faire connoître les chiffres 2. 4. 8. qui ſont les ſeuls inférieurs dans les meſures composées ?

R. * Le chiffre 2 marque des blanches:

Le chiffre 4 marque des noires :

Le chiffre 8 marque des croches.

D. * Pourquoi le chiffre 2 marque-t-il des blanches plutôt que le 4 ou le 8 ?

R. * Parce que dans ces meſures le chiffre inférieur indique quelle partie de la *ronde* prend le chiffre ſupérieur pour la *meſure* ; de ſorte que le 2 marque qu'il faut prendre des moitiés de *ronde* qui ſont des *blanches* ; le 4 des quarts de *ronde* qui ſont des *noires :* enfin le 8 marque des huitiémes de *ronde* qui ſont des *croches :* d'où l'on doit conclure qu'on peut s'énoncer ainſi dans toutes les meſures compoſées : dans $\frac{3}{2}$ prenez *trois moitiés* de *ronde* ou leur valeur, & battez la meſure à *trois tems :* dans $\frac{6}{8}$ prenez *ſix huitiémes* de *ronde* ou leur valeur, & battez la meſure à *deux tems* : dans $\frac{12}{4}$ prenez douze quarts de *ronde* ou leur valeur, & battez la meſure à *quatre tems*, &c.

D. * Quelle régle avez-vous pour ſçavoir les notes qu'on doit faire inégales dans les meſures compoſées ?

R. * Il faut faire inégales toutes les notes de moindre valeur que celles qui ſont indiquées par le chiffre inférieur, à l'exception des meſures de $\frac{2}{4}$ & $\frac{3}{4}$ dans leſquelles on ne fait inégales que les doubles & triples croches.

D. * Faites l'application de cette régle aux autres meſures ?

R. * Dans la meſure de $\frac{3}{2}$ on fait inégales les *noires*, *croches*, *doubles & triples*, parce qu'elles ſont de moindre valeur que les *banches* indiquées par le chiffre inférieur 2.

Dans les meſures $\frac{6}{4}$ $\frac{9}{4}$ $\frac{12}{4}$ on fait inégales les *croches*, *doubles* & *triples*, parce qu'elles ſont de moindre valeur que les *noires* indiquées par le chiffre inférieur 4.

Dans les meſures de $\frac{3}{8}$ $\frac{6}{8}$ $\frac{9}{8}$ $\frac{12}{8}$ on ne fait inégales que les *doubles* & *triples croches* qui ſont de moindre valeur que les *croches* indiquées par le chiffre inférieur 8.

ARTICLE XXIII.

Des Agrémens du chant.

D. QU'EST-CE qu'un agrément en général ?

R. Ce n'eſt ſouvent que l'addition de quelques petites notes réelles ou ſuppoſées, & qu'on appelle pour cela, *notes paſſageres*.

D. Combien y a-t-il d'agrémens?

R. Il y en a dix principaux ; ſçavoir, le martellement, le port-de-voix ordinaire ; le port-de-voix feint, le coulé, l'accent, le ſon filé, la cadence préparée, la cadence ſubite, la cadence doublée, & la cadence feinte.

ARTICLE XXIV.

Du Martellement.

D. * QU'EST-CE qu'un martellement?

R. * C'eſt un agrément qui conſiſte à faire ſentir devant une note eſſentiellement longue, trois autres notes paſſageres. (13)

La premiere ſur le même degré que la note qui précéde l'agrément.

La ſeconde ſur le même degré que la note longue, & la troiſieme un degré au-deſſous de cette même note longue. (13)

D. * Du nom de quelle note ſe ſert-on pour exprimer ces trois petites notes?

R. * Le nom ſeul de la note longue ſert pour les autres notes paſſageres. (13)

D. Ne peut-on pas se contenter de faire sentir les deux dernieres notes passageres dans cet agrément ?

R. On le peut dans les morceaux vifs & légers, mais il perd beaucoup de sa beauté dans les airs lents & gracieux.

D. De quels signes se sert-on pour indiquer cet agrément ?

R. Comme on varie beaucoup sur les signes des agrémens en général, il faut que le goût guide dans les occasions où l'on doit employer celui-ci, qui cependant s'indique quelquefois par un des signes de l'exemple 13.

D. Est-on d'accord sur le nom de cet agrément ?

R. Non: on le confond quelquefois avec les ports de voix & la cadence feinte.

D. * Quand doit-on se servir de cet agrément ?

R. * Quand on monte d'une note à une autre, & jamais en defcendant. (13)

ARTICLE XXV.

Du Port de voix.

D. * QU'EST-CE qu'un port de voix en général ?

R. * C'eft un agrément qui ne différe du martellement qu'en ce que la premiere note paffagere eft plus longue que les deux autres, & qu'elle eft toujours un dégré au-deffous de la note longue, parce que cet agrément ne fe fait jamais qu'en montant d'un dégré. (13)

D. Quels font les fignes de cet agrément ?

R. Comme on le confond avec le martellement, il en a auffi les mêmes fignes. (13)

ARTICLE XXVI.

Du Port de voix feint.

D. * En quoi différe cet agrément du *port de voix ordinaire ?*

R. * En ce que la premiere note passagere prend le nom de la note longue, avec toute la valeur qu'elle devroit avoir. (13)

D. Quand se sert-on de cet agrément?

R. Quand il est indiqué tel qu'on doit le rendre ; ou par une note passagere un dégré au-dessous de la note longue qui a au - dessus d'elle une espéce de chevron brisé (13)

ARTICLE XXVII.

Du Coulé.

D. * Qu'est-ce qu'un coulé ?

R. * C'eſt faire ſentir une note paſſagere, un dégré au-deſſus d'une autre dont elle prend le nom. (14)

D. * Quand ſe ſert-on de cet agrément ?

R. * Quand la petite note paſſagere eſt exprimée au-deſſus d'une autre ; ce qui arrive le plus ſouvent en deſcendant de *tierce* ou d'un ſeul dégré ; quelquefois auſſi en deſcendant de *quarte*, de *quinte*, de *ſixte* & même de *ſeptieme*. On doit auſſi appeller coulé, un agrément qui fait entendre entre deux notes de même *ſon* & de même *nom*, une autre petite note un dégré au-deſſus. (14)

ARTICLE XXVIII.

De l'Accent.

D. * QU'EST-CE qu'un accent ?

R. * C'est un agrément qui se fait à la fin d'une *tenue* par un coup de gosier composé d'une note passagere un dégré au-dessous avec la répétition du *son* de la *tenue*.

D. Comment s'indique l'accent ?

R. On ne l'indique pas dans les Musiques ordinaires.

D. Pourquoi dites-vous *dans les Musiques ordinaires* ?

R. C'est que chaque Maître, dans ses leçons particulieres, se sert de signes à son choix, non-seulement pour cet agrément, mais encore pour tous les autres.

D. Ne pourroit-on pas ſe ſervir de ces ſignes dans toutes les Muſiques ?

R. Non : parce que la copie ſeroit trop chargée : d'ailleurs, les mêmes ſignes n'étant pas admis par tous, chaque Maître en a imaginé qui ne peuvent ſervir qu'à leurs Diſciples.

ARTICLE XXIX.

Du Son filé.

D. * QU'EST-CE qu'un *ſon* filé ?

R.* C'eſt une *note* qu'on doit faire ſentir imperceptiblement d'abord, dont la force augmente peu à peu juſqu'à un certain point, & diminue enſuite dans la même proportion qu'elle a augmentée.

ARTICLE XXX.

Des Cadences.

D. * QU'EST-CE qu'une cadence en général ?

R. * C'eſt la répétition ſucceſſive d'un coup de goſier qui fait entendre, ſous le nom de la note qui a le ſigne de cadence, deux *ſons* qui forment enſemble un *demi-ton* ou un *ton* au-deſſus. (15)

D. * Par le *ſon* de quelle note doit-on commencer une cadence ?

R. * Le *ſon* de la note ſupérieure à celle qui a le ſigne de cadence, doit toujours être entendu le premier. (15)

D. * Quels ſont les ſignes des cadences ?

R. * C'eſt le plus ſouvent une petite

croix ; quelquefois un petit chevron brisé sur la note qu'on doit cadencer, ou mieux une petite undulation. (15)

ARTICLE XXXI.

Des Cadences préparées.

D. * QU'EST-CE qu'une cadence préparée ?

R. * C'est celle qui est précédée quelque tems du *son* de la note supérieure qui fait la cadence avec celle qui en a le signe. (15)

D. Cette cadence n'a-t-elle pas d'autres noms ?

R. On l'appelle aussi cadence parfaite, & cadence finale, quand le dernier coup de gosier fait entendre le *son* de la tonique. (15)

ARTICLE XXXII.

De la Cadence subite.

D. * QU'EST-CE qu'une cadence subite ?

R. * C'est celle qui n'est jamais précédée du *son* de la note supérieure.

D. Quand doit-on employer cette cadence ?

R. Quand la note qui en a le signe, n'est pas d'une grande valeur, ou que le goût l'exige.

ARTICLE XXXIII.

De la Cadence doublée.

D. * QU'EST-CE qu'une cadence doublée ?

R. * C'eſt celle qui eſt ſuivie de deux notes paſſageres, la premiere un dégré au-deſſus de la ſeconde qui porte le même nom que celle qui a le ſigne de cadence. (15)

D. Quand ſe ſert-on de cette cadence ?

R. Quand elle eſt ſuivie des deux petites notes qui ſe paſſent ſous le nom de la note cadencée. (15)

ARTICLE

ARTICLE XXXIV.

De la Cadence feinte.

D. * QU'EST-CE qu'une cadence feinte ?

R. * C'eſt celle qui n'eſt compoſée que d'un ou de deux coups de goſier tout au plus. (16)

D. Tout le monde eſt-il d'accord ſur le nom de cet agrément ?

R. Non : les uns l'appellent *briſé* ; d'autres le confondent avec le martellement & le port de voix feint, parce qu'il fait en deſcendant ce que ceux-ci font en montant. (16)

D. Sont-ce là tous les agrémens de la Muſique ?

R. Il en eſt mille autres qu'on ne peut

indiquer, parce qu'ils ne ſont jamais dic-tés que par le goût & le ſentiment qui ſont l'ame de la Muſique.

FIN.

TABLE
DES ARTICLES

Contenus dans ces Principes.

Fin de la Table des Articles.

APPROBATION.

J'AI lu, par ordre de Monſeigneur le Vice-Chancelier, un Manuſcrit qui a pour titre : *Principes de la Muſique pratique, par demandes & par réponſes.* Cet Ouvrage, qui eſt preſque entiérement deſtiné à donner les définitions des termes, & l'explication des ſignes en uſage dans cette Science, renferme auſſi quelques préceptes qui m'ont paru pouvoir être utiles aux Commençans. Je n'y ai rien trouvé d'ailleurs qui puiſſe en empêcher l'impreſſion. A Paris ce 12 Mai 1764.

BEZOUT.

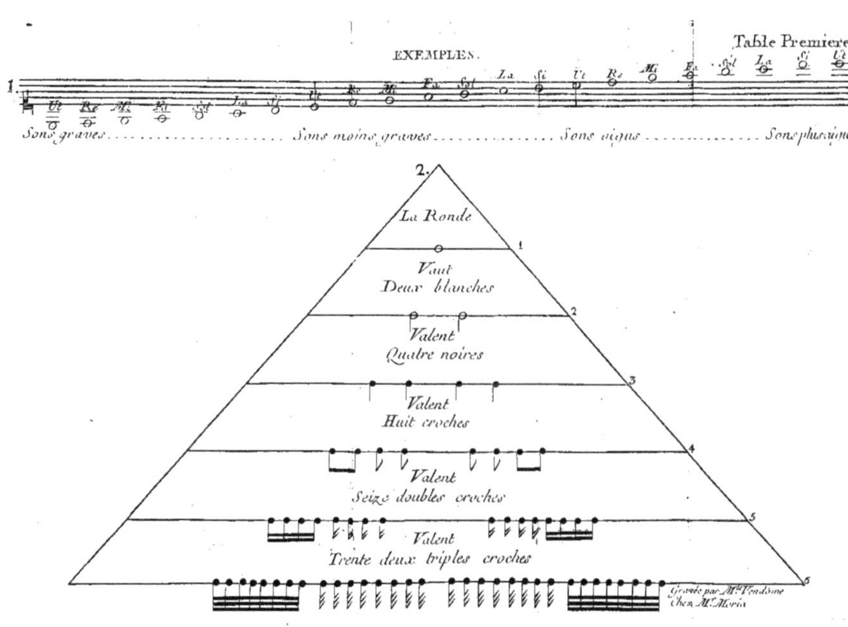
Table Premiere
EXEMPLES.
1.
Ut Re Mi Fa Sol La Si Ut Re Mi Fa Sol La Si Ut Re Mi Fa Sol La Si Ut
Sons graves
Sons moins graves
Sons aigus
Sons plus aigus.
2.
La Ronde
Vaut
Deux blanches
Valent
Quatre noires
Valent
Huit croches
Valent
Seize doubles croches
Valent
Trente deux triples croches
1
2
3
4
5
6
Gravée par Mr. Vendôme
Chez Mr. Moria

Clefs de Fa. Clefs d'Ut.

Fa Sol La Si. Fa Sol La Si Ut Ut Re Mi Fa Ut Re Mi Fa Sol Ut Re Mi Fa Sol La Si

3. Fa Mi Re Ut Si La Sol Fa Mi Re Ut Si Ut Si La Sol Fa Mi Re Si La Sol Fa Ut Si La Sol

Clefs de Sol

Sol La Si Ut Re Mi Fa Sol

Ut Re Mi Fa Sol La Si Ut Re Sol Fa Mi Re Sol La Si Ut Re Mi Fa Sol La Si Ut

Différences des Clefs Endessous Endessus

4. Fa Sol La Si Ut Re Mi Fa Sol La Si Ut Re Mi Fa Sol La Si Ut Re Mi Fa Sol La Si Ut Re Mi Fa Sol La Si

Demitons Majeurs Demitons Mineurs

5.

Octave pour Servir de Modele dans tous les Modes Majeurs

Ton Ton Demiton Ton Ton Ton Demiton

6. Tonique. Sutonique. Mediante. Sous dominante. Dominante. Sudominante. Notte Sensible. Replique de la Tonique.
1. 2. 3. 4. 5. 6. 7. 8.

Octave pour Servir de Modele dans tous les Modes Mineurs

Ton Demiton Ton Ton Ton Ton Demiton Guidon

7. Tonique. Sutonique. Mediante. Sousdominante. Dominante. Sudominante. Notte Sensible. Replique de la Tonique
1. 2. 3. 4. 5. 6. 7. 8.

Ton Ton Demiton Ton Ton Demiton Ton

Becarres.

Tonique. 7.e Notte. 6.e Notte. Dominante. Sousdominante. Mediante. Sutonique. Tonique.
8. 7. 6. 5. 4. 3. 2. 1.

Tenues Sincopes.

8.

9. Le point après Chaque Notte.

EXEMPLES.
Tab. 3e
Signes des differens Silences
Baton de quatre. Batons de deux
Mesures
Mesures
Une Mesure
10.
32.
2.2.2.2.2.
Pause.
Demipause.
Soupir
Demi Soupir
Quart de soupir
Demiquart de soupir
Mesures a deux et a Quatre tems
11.
Mesure a Trois tems
12.
Martellements
Ports de Voix
Ports de Voix Feints
13.
Laaa
Siii
uuUt
Reee
Miii
Faaa
Re Mi i i
uu Ut
Si i i Ut
Si i i Ut Si
Coulés
14.
Cadences preparées
Cadences doublées
15.
Ree
Ut
Sii
Ut
Cadences feintes
16.
So oolMi
Laaa Sol Ut
Si
iiMi
Ut
Mi Ree e
La a a a
Ree
uUt
Sii
Sool

TABLE DE TRANSPOSITION

17

Clefs de Sol Sur la Seconde ligne	Clefs de Fa Sur la 4e. Ligne	Clef de Fa Sur la 3e. Ligne	Clefs d'Ut Sur la 4e. Ligne	Clefs d'Ut Sur la 3e. Ligne	Clefs d'Ut Sur la 2e. Ligne	Clefs d'Ut Sur la 1re. Ligne	Clefs de Sol avec le Raport des Dieses et Bemols
Ut Tonique naturelle	Mi	Sol	Si	Re	Fa	La	7. Ut ou 7. Ut
Sol	Si	Re	Fa	La	Ut Tonique naturelle	Mi	Sol 6 Bemols
Fa	La	Ut Tonique naturelle	Mi	Sol	Si	Re	Fa 5 Diezes
Re	Fa	La	Ut Tonique naturelle	Mi	Sol	Si	Re 5 Bemols
Si	Re	Fa	La	Ut Tonique naturelle	Mi	Sol	Si 5 Diezes
La	Ut Tonique naturelle	Mi	Sol	Si	Re	Fa	La 4 Bemols
Mi	Sol	Si	Re	Fa	La	Ut Tonique naturelle	Mi 4 Diezes

www.ingramcontent.com/pod-product-compliance
Ingram Content Group UK Ltd.
Pitfield, Milton Keynes, MK11 3LW, UK
UKHW021625260726
13994UKWH00003B/1087

9 782329 378398